Soul of Venecia

GUÍA DE LAS 30 MEJORES EXPERIENCIAS

ESCRITO POR SERVANE GIOL Y THOMAS JONGLEZ
FOTOS DE FRANCESCA LANARO
DIBUJOS DE CLARA MARI

EDITORIAL JONGLEZ

guías de viaje

"NINGÚN RINCÓN DE LA TIERRA
HA DADO LUGAR,
MÁS QUE VENECIA,
A ESTA CONSPIRACIÓN
DEL ENTUSIASMO"

GUY DE MAUPASSANT
(*LA VIDA ERRANTE*, 1890)

Venecia... Serenísima Venecia, Venecia que se ahoga, Venecia ciudad romántica por excelencia, Venecia invadida por los turistas... Se ha escrito todo sobre Venecia. Positivo o negativo, cada una de sus caras es real.

Venecia es única. Única por su idioma, única por sus habitantes, única por su arquitectura y por sus artesanos que dominan técnicas centenarias para recrear obras de vidrio, de seda, de terciopelo...

A pesar del éxodo de una parte de sus habitantes, Venecia sigue viva. Rebosa de estudiantes en el barrio de Dorsoduro, de comerciantes en el Rialto, de galerías de arte en San Marco, de artistas, escritores, músicos.

Y, sobre todo, Venecia tiene su laguna. Una laguna donde el tiempo parece haberse detenido. Donde los pescadores parecen sacados de un cuadro de 1600. Donde resulta agradable remar en embarcaciones de madera. Sus islas tranquilas y verdes son el pulmón que le falta a la ciudad. Burano, Torcello... tantos lugares mágicos donde encontrarse a sí mismo y seguir los pasos de Hemingway.

Me preguntan a menudo cuál es la mejor época para descubrirla... ¡Yo diría que todas! Desde la brillante luz del verano hasta la niebla de noviembre, cada mes tiene su particularidad, incluida la culinaria.

¿Y la mejor hora? Seguramente la del aperitivo en los *baccari*, que es cuando los venecianos quedan para comentar, a menudo de pie, las noticias del día con un *spritz* o un vaso de vino en la mano.

Esta pequeña guía te ayudará a comprender una parte del alma de Venecia, lejos de las rutas turísticas.

30 experiencias únicas.

Servane Giol

Servane Giol

Casada con un veneciano, Servane vive en Venecia desde hace más de 20 años. Ha abierto una escuela de teatro para niños y ha fundado la compañía teatral Falier que organiza espectáculos con fines caritativos. Madre de cuatro hijos, Servane también ha colaborado con las revistas *Harper's Bazaar* y *Vogue Alemania*.

Thomas Jonglez

Autor de *Venecia, insólita y secreta*, para la que necesitó cinco años de investigaciones y con la que ganó el premio a la mejor guía de viajes el año que se publicó, tiene una casita de pescadores en la laguna norte que le hace volver con frecuencia a la ciudad más bonita del mundo.

EN ESTA GUÍA
NO ENCONTRARÁS

- las leyendas del Puente de los Suspiros
- cómo pasear en góndola
- los horarios del Palacio de los Dogos

EN ESTA GUÍA
ENCONTRARÁS

- una librería que se inunda
- unos cangrejos muy especiales
- el mejor restaurante de Venecia
- dónde caminar sobre el agua
- los secretos del *baccalà*
- unos helados muy especiales
- unos artesanos medievales

LOS SÍMBOLOS DE
"SOUL OF VENECIA"

menos
de 10 €

de
10 a 50 €

más
de 50 €

se aconseja ir
en barco

reservar con
antelación

100 %
veneciano

30 EXPERIENCIAS

ENTRAR EN LA BASÍLICA TRAS CERRAR
SUS PUERTAS

Existe una opción para evitar la muchedumbre en la basílica de San Marcos: ir cuando está cerrada.

Cómo: unos 30 minutos después de cerrar las puertas de la que es probablemente la iglesia más bonita del planeta, la basílica vuelve a abrir a los iniciados para el oficio de las vísperas. Ve a la fachada izquierda del edificio, guarda tu cámara de fotos y haz un gesto de que vas a rezar. El vigilante que está en la entrada para impedir que entren los turistas despistados te dejará pasar.

Una vez dentro, sé discreto, no estás ahí para visitarla: siéntate en silencio y aprovecha los magníficos cantos para admirar la basílica en todo su esplendor.

Para los creyentes, también es un momento mágico escuchar cómo las voces del coro se elevan bajo las cúpulas doradas.

 BASILICA DI SAN MARCO
PIAZZA SAN MARCO 328
30100 VENEZIA

Horarios de las vísperas: 17:30 (17:00 en invierno, domingo y festivos), a saber, 30 min aproximadamente tras el cierre de la basílica

EN LA RUTA
DE LA SEDA

En el año 1500, más de 6000 telares estaban en activo en la ciudad de Venecia. En la actualidad, algunas de las grandes familias perpetúan la tradición, como los Bevilacqua que ya van por la sexta generación de tejedores.

Además de su excepcional saber hacer, Bevilacqua tiene la ventaja, para el visitante, de tener un fantástico telar de madera del siglo XVIII que sigue funcionando. Ubicado detrás del *showroom*, se puede visitar, previa reserva únicamente, en un ambiente intemporal donde siete tejedoras trabajan el tercio-pelo, la seda y el hilo de oro respetando las técnicas ancestrales y obteniendo los motivos en los archivos históricos que cuentan con más de 3500 dibujos.

Se necesita un día entero para confeccionar un trozo de tela de 30 a 40 cm.

 LUIGI BEVILACQUA
CAMPIELLO DE LA COMARE 1320
30135 VENEZIA

LUN – VIE: 9:30 – 13:30 14:30 – 17:00 SÁB: solo previa cita DOM: cerrado	Visita del telar solo previa cita: + 39 041 721 566 luigi-bevilacqua.com	60 € para un grupo de hasta 4 personas Grupos más grandes, 15 € por persona

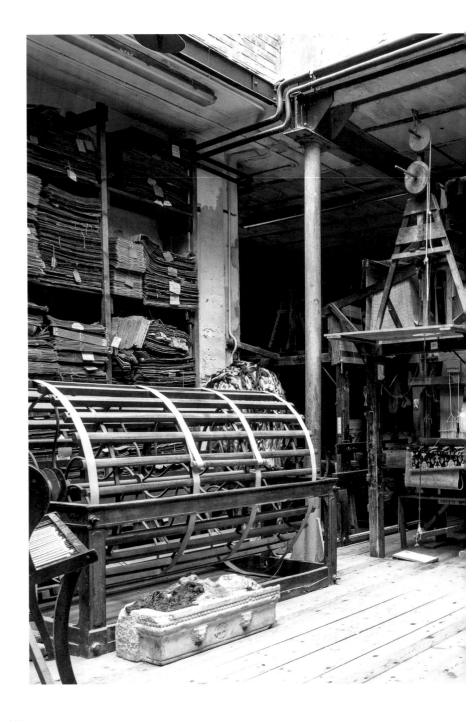

 **- CATHERINE BUYSE DIAN -**

DISEÑADORA DE VESTUARIO DE CINE

Catherine, has hecho decenas de películas de época, ¿cuál es para ti la mejor época y dónde podemos encontrar preciosos trajes en Venecia en la actualidad?

Para mí la mejor época es indudablemente el siglo XVIII porque caracteriza lo más veneciano en cuanto a trajes, máscaras, Casanova... El Museo del Traje del Palazzo Mocenigo tiene unos trajes originales preciosos, muy bien conservados y muy completos. Si quieres alquilar un traje recomiendo que vayas al taller de Stefano Nicolao: hace muchas producciones para la ópera de La Fenice y también para compañías de teatro. Yo acudo a él para mis películas, incluyan o no vestuario de época, porque su taller tiene una infinita variedad para cada época.

¿Cuáles son tus telas venecianas favoritas para el vestuario?

El histórico trío Bevilacqua (tienes que ir a ver su telar), Rubelly y Fortuny.

¿Tu tienda de máscaras preferida?

Sin duda alguna Kartaruga en Dorsoduro. Su tiendecita confecciona muchas máscaras para películas. Es interesante participar en sus talleres de creación de máscaras que organizan durante todo el año, con grupos pequeños, en los que puedes crear tu propia máscara.

¿Cuál es tu época favorita en Venecia?

Septiembre y su festival de cine en el Lido, que se remonta a 1932. Es un momento mágico para Venecia, hace bueno y calor, y todavía te puedes bañar en las playas del Lido entre película y película.

A ti que te encanta cocinar, ¿cuáles son tus restaurantes preferidos en Venecia?

Antiche Carampane y Al Covo, entre otras razones por sus recetas venecianas tradicionales reinterpretadas.

¿Un ingrediente mágico en Venecia?

Las alcachofas violetas de Sant' Erasmo. Llamadas *castraure*, solo se comen en abril y mayo y son muy raras porque cada planta de alcachofa da una sola *castraure* por temporada. Se pueden comprar en temporada en el mercado de Rialto.

¿Tus hoteles favoritos?

Oltre il Giardino en San Polo. Es un hotel familiar con encanto que tiene un precioso jardín; algo poco común en Venecia para un hotel con precios razonables. Si no, a mis amigos les recomiendo el Palazzo Abadessa si quieren dormir en un palacio histórico y adentrarse en el siglo XVII porque el mobiliario y la decoración reflejan el espíritu de esa época.

¿Un lugar de rodaje mítico en Venecia?

La iglesia de San Nicolò dei Mendicoli en Santa Marta: allí rodó Nicolas Roeg su película *Don't look now*. Poco conocido, su interior, de gran riqueza, decorado con estatuas de madera dorada, es excepcional.

¿Cómo sobrevives a la invasión de turistas?

Escapando de aquí en cuanto puedo. Hay que evadirse de Venecia para volver con las energías renovadas. Encuentro refugio en la isla de Mazzorbo a 30 minutos en barco del centro de la ciudad, cerca de Burano, o en las Dolomitas, a dos horas de Venecia. De hecho, a veces, en invierno, se pueden ver desde un barco en la laguna las cumbres nevadas de las Dolomitas. ¡Unas vistas mágicas!

LA MAGIA
DEL REDENTORE

Cada año desde 1577, se celebra la fiesta del Redentore en Venecia el tercer sábado de julio. Es la ocasión para ver unos fuegos artificiales de lo más espectaculares que se reflejan mágicamente en el agua de la cuenca de San Marcos. Estas son las distintas opciones para poder admirar este excepcional acontecimiento:

> En barco:

Indudablemente mágico. Si no tienes un amigo veneciano puedes alquilar un barco en Brussa: desde la pequeña *topetta* de madera (seis personas) hasta el majestuoso *bragozzo* con patrón (10 personas). A partir de las 6 de la tarde, los barcos se reúnen en la cuenca de San Marcos tras un picnic en el agua en medio de otros centenares de barcos como el tuyo. Un ambiente agradable e increíble. No se puede salir de la cuenca hasta que terminen los fuegos artificiales, pero seguro que nadie se quejará.

BRUSSA IS BOAT
FONDAMENTA CANNAREGIO 331
30121 VENEZIA

+39 041 715 787
brussaisboat.it

> A pie / en las calles:

Sentados a orillas del Zattere y de la Giudecca, o a lo largo del enorme puente de barcos que comunica el Zattere con la iglesia del Redentore, por la noche.

> Desde lo alto de las terrazas de Venecia:

Para un acontecimiento de lo más chic y privilegiado, se puede alquilar la *suite* Redentore del hotel The Gritti Palace y su magnífica terraza de 250 m² que ofrece unas vistas espectacu-

lares de la cuenca y de la basílica de la Salute. Algunos iniciados
no necesariamente ricos alquilan la *suite* y comparten los gastos
con sus amigos: 100 personas caben en la terraza. Se puede
organizar una cena privada en la terraza, antes o después de los
fuegos artificiales.

La otra opción es el Altana del hotel Bauer, en la séptima planta,
que también tiene unas vistas impresionantes. Se puede reservar mesa para la cena que organiza el hotel esa misma noche.

- PAOLO LORENZONI -

DIRECTOR GENERAL DEL HOTEL THE GRITTI PALACE DESDE 2013

¿Breve historia de The Gritti?

El Gritti es un hotel relativamente joven en el paisaje veneciano. Construido en 1948 como dependencia del Gran Hotel de Venecia (Palazzo Ferro Fini – hoy sede del Consejo Regional del Véneto), The Gritti debe su nombre al dux Andrea Gritti que vivió en el palacio en 1525. Atrajo a clientes célebres como Ernest Hemingway o Somerset Maugham quien dijo: "En El Gritti no eres un cliente, eres un amigo". Una filosofía que sigue siendo nuestra.

¿Tu opinión de Venecia?

Venecia es única en el mundo, no tanto por sus edificios o por el agua que la rodea, sino por las personas del mundo entero que vienen: escritores, intelectuales, artistas (como Damien Hirst recientemente) reflejan bien el estrecho vínculo que une la ciudad con el arte y la cultura.

¿Un lugar de visita obligada en Venecia?
El Arsenal. Para comprender la grandeza de la Serenísima República.

¿Tu época favorita del año?
De noviembre a febrero porque puedes caminar y disfrutar de la ciudad sin gente. Y me encantan los días de niebla en los que, al despertar, no se ve nada. Poco a poco, la niebla se disipa desvelando los monumentos y los palacios.

¿Y esa terraza en los tejados?
Cuando ocupé este puesto, descubrí esta terraza de 250 m² abandonada en la cuarta planta, y se me ocurrió transformarla en un espacio privado para organizar cócteles o cenas de hasta 100 personas. Desde ahí arriba, las vistas de Venecia son únicas y en invierno se ven incluso las Dolomitas nevadas.

¿Tradición, pero también modernidad?
Cuando empezamos con las reformas en 2011, hicimos un sondeo entre 200 de nuestros clientes habituales para saber lo que les gustaría. Su respuesta fue: ¡No cambien nada! Añadimos lógicamente todas las tecnologías y el confort de nuestra época, pero el alma y el espíritu del hotel se han mantenido intactos.

THE GRITTI PALACE
CAMPO SANTA MARIA DEL GIGLIO
30124 VENEZIA
+39 041 794 611

LA GUARIDA
DE UN GENIO

Mariano Fortuny (1871-1949) tenía todos los talentos: pintor, grabador, escultor, ingeniero, fotógrafo, inventor, modelista, sastre y escenógrafo.

A su muerte, su magnífico palacio-taller fue donado al Ayuntamiento de Venecia que ha sabido mantener intacto su increíble encanto. Hoy es uno de los lugares más bonitos de Venecia que no te puedes perder bajo ningún concepto.

No le falta nada: su preciosa biblioteca, su colección de cuadros, sus magníficas telas que visten íntegramente los muros, sus decorados de teatro en miniatura, sus lámparas, algunos modelos de su ropa...

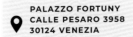

PALAZZO FORTUNY
CALLE PESARO 3958
30124 VENEZIA

MIE – LUN: 10:00 – 18:00
Abierto únicamente durante las exposiciones temporales
MAR: cerrado

+39 041 522 1977

fortuny.visitmuve.it

UN CONCIERTO
GRATUITO

Desde 1912, el magnífico palacio Pisani, el segundo palacio más grande de Venecia después del Palacio Ducal, alberga el conservatorio de música Benedetto Marcello.

Sus 8000 m^2 esconden un pequeño museo de instrumentos de música, así como una magnífica sala de conciertos donde los espectáculos, de muy alto nivel y en los que actúan los alumnos, están abiertos al público y son gratuitos.

 CONSERVATORIO BENEDETTO MARCELLO
SAN MARCO 2810
30124 VENEZIA

+39 041 522 5604   conservatoriovenezia.net

LAS VISTAS MÁS BONITAS
DE VENECIA

Para ver las mejores vistas de Venecia hay que olvidarse del tan conocido *campanile* de San Marcos, plagado de turistas, e ir al de San Giorgio Maggiore, en la isla con el mismo nombre.

Desde lo alto de sus 75 metros, las vistas son excepcionales: al norte, el Palacio Ducal, la basílica de San Marcos y la Punta della Dogana. Más lejos, se pueden admirar los sublimes paisajes de la laguna sur. Otra ventaja: estarás prácticamente solo.

Se recomienda ir un poco antes de la puesta de sol, después de haber dado un paseo por los muelles de la Giudecca.

Pequeño detalle: tú decides si subes por las escaleras o por ascensor hasta lo alto del *campanile*.

CAMPANILE DI SAN GIORGIO MAGGIORE
ISOLA SAN GIORGIO MAGGIORE
30133 VENEZIA

De mayo a septiembre: LUN – SÁB: 9:30 - 12:30 / 14:30 - 18:30
De octubre a abril: LUN – SÁB: 9:30 - 12:30 / 14:30 - 17:00

CERÁMICA
EN UNOS ASTILLEROS

Veneciana de nacimiento, Adele Stefanelli estudió y perfeccionó el arte de la cerámica en la Toscana, en China y en Corea del Sur. Su estudio de cerámica en la isla de la Giudecca convive en un ambiente único con los astilleros de góndolas y barcos de madera Crea.

Sus creaciones con colores de la laguna son un magnífico regalo que se sale de la tradicional máscara o del vidrio fabricado en China.

Adele también organiza talleres en su estudio, previa reserva.

**STUDIO DI CERAMICA ADELE STEFANELLI
GIUDECCA 213
CANTIERI CREA - SPAZIO ARTIGIANI**

Previa cita
+39 347 221 1661
adelestefanellistudio@gmail.com

adelestefanelli.com

UN RESTAURANTE
EN EL FIN DEL MUNDO

A unos 45 minutos en barco desde Venecia, prácticamente al fondo de la laguna sur, está Da Celeste, un restaurante excepcional. El trayecto en sí es un viaje irreal y mágico que te llevará por arsenales medio abandonados y por casitas de pescadores sobre pilotes que parecen surgir de la nada, hasta llegar a una magnífica terraza que da a toda la laguna.

El restaurante perpetúa la mejor tradición de la cocina veneciana: gambitas de la laguna con polenta, centollos desmenuzados (*granseola*), vieiras, sabrosos pescados frescos...

Para ir en transporte público (el precio del barco-taxi es muy elevado porque tiene que esperarte) desde Venecia, toma cualquier *vaporetto* hasta el Lido, parada Santa Maria Elisabetta. Desde ahí, toma el autobús de la línea 11 dirección Pellestrina, baja en la última parada en Pellestrina y camina hasta Da Celeste.

DA CELESTE
VIA VIANELLI 625/B
30126 PELLESTRINA

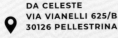

De marzo a octubre: 12:00 - 14:30 / 19:00 - 21:15
Miércoles: cerrado

+39 041 967 355   daceleste.it

COMO DORMIR
EN UN GRAN
TRANSATLÁNTICO DE LUJO

En los maravillosos muelles del Zattere, el hotel Palazzo Experimental ocupa desde 2018 los muros de un palacio histórico, antigua sede de la compañía de transporte marítimo Adriática, cuyo nombre sigue adornando la fachada.

En el interior, sus 32 habitaciones diseñadas por Dorothée Meilichzon juegan con el espíritu marítimo, igual que su restaurante en la planta baja. Banquetas que recuerdan el interior de un barco, rayas como guiño a los gondoleros, todo recuerda al mar y a la laguna sin caer en el tópico.

La sensación se consigue y completa con las enormes ventanas que dejan pasar mucha luz y ofrecen unas espléndidas vistas al canal de la Giudecca.

 HOTEL IL PALAZZO EXPERIMENTAL
1412 FONDAMENTA ZATTERE AL PONTE LUNGO
30123 VENEZIA

+39 041 098 0200   palazzoexperimental.com

DESCUBRIR EL ARTE DE LAS *CICCHETTI*, **LAS TAPAS VENECIANAS**

Il Bottegon, más conocido localmente con el nombre de Schiavi, es todo un referente en Venecia. Desde 1944, Alessandra y sus hijos cultivan en él el arte del *cicchetto*, el equivalente a la tapa veneciana. Sobre una pequeña rebanada de pan se ponen varios ingredientes como el atún y los puerros, la calabaza y la *ricotta* o la flor de calabacín...

Hay que degustarlas de pie, en su colorida barra, a la hora del aperitivo, entre clientes venecianos habituales, en un ambiente alegre y agradable. En verano, las tapas se suelen degustar fuera, en el canal, para disfrutar de las vistas de uno de los talleres de reparación de góndolas.

¡Ojo! El bar cierra a las 20:30h en punto.

CANTINE DEL VINO GIÀ SCHIAVI
FONDAMENTA NANI
📍 **DORSODURO 992. PONTE SAN TROVASO**
30123 VENEZIA

LUN - SÁB: 8:30 - 20:30
DOM: cerrado

+39 041 523 0034

cantinaschiavi.com

VENECIA, CUNA
DEL *SPRITZ* Y DEL *BELLINI*

Según la leyenda, los vendedores ambulantes que comerciaban con su vino bajo el *campanile* de San Marco se movían siguiendo su sombra para que el vino se mantuviera fresco... Es así como, poco a poco, el término *ombra* se convirtió en Venecia en sinónimo de "copa de vino". Pero significa mucho más: es una declaración de amistad, un ritual cotidiano ir a tomar una *ombra* en unos los innumerables *baccari* de la ciudad.

Venecia también es famosa por dos bebidas mundialmente conocidas que nacieron aquí: el *bellini* y el *spritz*.

El *bellini* es un cóctel a base de *prosecco* o de champán y de zumo de melocotón amarillo. Creado en el Harry's Bar de Venecia por Giuseppe Cipriani en 1948, debe su nombre al pintor veneciano Giovanni Bellini. Es imprescindible probarlo al menos una vez en este mítico lugar que no ha cambiado prácticamente nada desde que se inauguró. Es mejor quedarse en la barra, de pie, para disfrutarlo.

En cuanto al *spritz*, se prepara con prosecco, agua con gas y Campari o Aperol. Su color varía de rojo a naranja según la cantidad y la calidad de los ingredientes. Se inventó en la primera mitad del siglo XIX, cuando las ciudades del Véneto estaban ocupadas por los soldados austríacos que pedían a los camareros rebajar el vino con agua carbonata para suavizarlo. *Spritzen* (rociar) le dio el nombre al *spritz*.

HELADOS
CON VISTAS

Se podría pensar que la Gelateria Al Todaro es una cazaturistas porque está entre la plaza de San Marcos y la laguna.

Sin embargo, con su magnífica terraza que da a la cuenca de San Marcos, esta *gelateria* fundada en 1948 sigue siendo uno de los mejores sitios de Venecia donde saborear un helado. ¿El mejor helado? El de pistacho con trozos de pistacho de verdad dentro. El pistacho, que viene de Bronte, en las laderas del Vesubio, en Sicilia, es considerado por muchos como el mejor pistacho del mundo. Acuérdate también de entrar en el bar para admirar el techo de cristal de Murano realizado por Barovier en 1979.

En el Dorsoduro, caminar bajo el sol por los muelles de los Zattere es el paseo favorito de los venecianos. Es aquí donde desde 1920 la Gelateria Nico elabora artesanalmente su famoso Gianduiotto, un helado de *gianduia* (chocolate y avellanas) cubierto de crema *chantilly*. Un *must* para hacer un descanso mientras admiras la isla de la Giudecca.

 GELATERIA AL TODARO
SAN MARCO 3
30124 VENEZIA

LUN – DOM: 8:30 – 18:00
+39 041 528 5165
al-todaro.it

 GELATERIA NICO
FONDAMENTA ZATTERE
AL PONTE LONGO 922
30123 VENEZIA

VIE – MIE: 6:30 – 21:00
JUE: cerrado
+39 041 522 5293
gelaterianico.com

ALQUILAR LA PLANTA NOBLE
DE UNO DE LOS PALACIOS MÁS BONITOS DE VENECIA

Propiedad de la familia Singer Polignac desde el siglo XIX, el magnífico palacio Polignac es uno de los más bonitos de Venecia con su fachada estilo Renacimiento que se refleja en el Gran Canal.

Te contamos un secreto: la familia alquila una de sus sublimes plantas nobles (cinco habitaciones) que hará que te sumerjas en el boato de una familia de mecenas, pintores y músicos.

Es un auténtico privilegio poder pasar unos días en este palacio donde podrás deslizar tus dedos por las teclas del piano que perteneció a Winaretta Singer (1865-1943), princesa de Polignac y mecenas musical, y dormir en sus magníficas camas que provienen del palacio Labbia y de la colección de Charles de Besteigui.

PALAZZO POLIGNAC
DORSODURO 874
30123 VENEZIA

palazzocontarinipolignac.com

LOS VIDRIOS MÁS
BONITOS DE VENECIA

No es fácil orientarse en las innumerables tiendas venecianas de gusto más o menos dudoso en las que venden vidrios. Para evitar comprar vidrio fabricado en China, te recomendamos estos dos sitios:

> L' Angolo del Passato (el ángulo del pasado) es uno de los mejores sitios de Venecia para comprar cristal de calidad. Nacida en Murano, Giordana Naccari ofrece su propia línea, pero también vidrios antiguos (tiene piezas únicas de grandes diseñadores como Venini, Cenedese y Saviati), así como las colecciones más contemporáneas de Marcantonio Brandolini (Laguna B) y de Giberto Arrivabene (Giberto Venezia).

L'ANGOLO DEL PASSATO
📍 **CAMPIELLO DEI SQUELINI 3276/A**
30123 VENEZIA

LUN: 15:30 - 19:30 MAR – SÁB: 9:30 – 12:30 / 15:30 – 19:30 DOM: cerrado	+39 041 528 7896

> En Massimo Micheluzzi, uno de los diseñadores de vidrio más importantes en la actualidad, sus dos hijas (Elena y Margherita) acaban de crear una preciosa colección de "mini Micheluzzi" y sobre todo una de vasos "blandos" en la que cada pieza es diferente y parece derretirse en las manos.

 MASSIMO MICHELUZZI
PONTE DELLE MERAVEGIE 1071
30123 VENEZIA

LUN – SÁB: 10:00 – 13:00 / 15:00 – 19:00
DIM : fermé

+39 041 528 2190

micheluzziglass.com

> Veneciano de nacimiento, Alessandro Zoppi ha viajado por todo el siglo XX coleccionando los cristales de Murano: cristales que datan del año 1700 a los años 1940, la mayoría firmados por los maestros vidrieros venecianos más importantes como Zecchin, Martinuzzi y Scarpa.

En su galería te esperan 300 años de historia del vidrio, algunas piezas están organizadas por colores y con las épocas mezcladas.

Si le caes bien, tendrás el enorme privilegio de que te invite a su palacio en el gran canal, uno de los pocos de Venecia con frescos de Tiepoli en los techos... Alessandra, su esposa, resume: "En casa hay de *tutto*, es decir, toda la colección. Y es tan grande que ninguno de los dos sabemos de cuántas piezas se compone".

 GALLERIA ALESSANDRO ZOPPI
2671 CAMPO SAN MAURIZIO
30124 VENEZIA

LUN – SÁB: 10:30 – 12:30 / 15:30 – 19:00   +39 041 528 7579   zoppiantiques.it

- GIBERTO ARRIVABENE -

FUNDADOR Y CREADOR DE GIBERTO VENEZIA
VENECIANO DE NACIMIENTO

**¿Cuándo y cómo
empezaste a diseñar piezas
de vidrio?**

Mi familia es veneciana desde
el siglo XIV y tenemos preciosos servicios de vidrios antiguos.
Cuando alguno se rompía, iba

a Murano para que lo fabri-
caran de nuevo. Poco a poco
empecé a diseñarlos. Primero
para mí, luego como regalo
de boda, de aniversario... Nació
una colección que existe
hasta hoy, de jarrones, marcos,
esculturas...

¿Cuál es la situación actual de los vidrieros en Venecia?

Es una época complicada. Los *fornace* están atravesando dificultades porque los costes de producción se han disparado y hay menos maestros vidrieros. Sin hablar de las copias contra las que difícilmente podemos defendernos porque no existe ningún tipo de patente en Murano. Además, distinguir lo auténtico de lo falso no es fácil.

¿Un lugar de obligada visita en Venecia?

La iglesia dei Frari es mi iglesia favorita. Pero también la iglesia de San Giovanni y Paolo porque alberga la tumba de Marcantonio Bragadin que me encanta.

¿Tus restaurantes favoritos?

El Harry's Bar, la Madonna y el del hotel Aman.

A propósito del Aman, ¿el hotel está en tu palacio familiar?

Sí, desde 2014. Mi familia siempre ha vivido en el palacio: la habitación de mi madre es ahora la famosa *suite* Tiepolo. Y nosotros seguimos viviendo en el palacio, en la última planta, con mi mujer (vicepresidenta de Christie's Italia) y nuestros cinco hijos. Es un lujo extraordinario tener un hotel como el Aman justo debajo de nosotros.

> *"Cuando uno ha crecido en Venecia, dejarla se hace más difícil cada año"*

¿Tus hijos tienen ganas de quedarse en Venecia?

Sí. Los dos mayores han creado su propia marca de *friulane* (las zapatillas venecianas) que se llaman VIBI Venezia. Creo que cuando uno crece en Venecia, dejarla se hace más difícil cada año. Tiene una calidad de vida tan única, un ritmo tan particular, que parece difícil adaptarse a otras ciudades. Venecia es una ciudad asequible, internacional, donde se come divinamente bien, además de toda la belleza que reina en ella. Aquí tengo a mis amigos.

LA ÚNICA HABITACIÓN DEL MUNDO QUE TIENE
UN FRESCO DE TIEPOLO

Cerca de Rialto, en el gran canal, el enorme Palazzo Papadopoli del siglo XVI, de la familia Arrivabene, se convirtió en 2014 en el sublime hotel Aman Venice.

De sus 24 habitaciones, la *alcova* Tiepolo Suite (103 m²) es sin duda la única habitación de hotel en el mundo donde se puede dormir bajo un magnífico fresco del célebre pintor veneciano Giovanni Battista Tiepolo.

El pintor vivió en este palacio en el siglo XVIII y sus frescos teatrales son un magnífico ejemplo del estilo rococó.

L'ALCOVA TIEPOLO SUITE - HOTEL AMAN VENICE
PALAZZO PAPADOPOLI
CALLE TIEPOLO 1364
30125 VENEZIA

+39 041 270 7333   aman.com

Frittelle

 TONOLO
CALLE S. PANTALON, 3764
30123 VENEZIA

MAR – SÁB : 07:45 – 20:00
DOM : 07:45 – 13:00
LUN : cerrado

+39 041 523 7209

pasticceria-tonolo-venezia.business.site

EL BUÑUELO
QUE VUELVE LOCO

Venecia es una de las pocas ciudades donde la pastelería todavía sigue el ritmo de los calendarios religiosos y de las estaciones. Las *frittelle* (*fritole* en veneciano) solo se comen en febrero, durante algunas semanas, en torno a la época del carnaval. Este delicioso buñuelo de uvas (y piñones la mayoría de las veces), nació hacia 1700, tiene una versión natural (nuestro favorito), pero también una con crema, con cáscaras de naranja, con *zabaione*, etc. La calidad depende evidentemente de dónde lo compres. Rosa Salva, Tonolo y Dal Nono Colussi son tres valores seguros. ¡Cuidado! ¡Este producto poco habitual (se puede comer solo un mes al año aproximadamente) y su sabor a veces excepcional pueden provocar una seria adicción!

El 1 de noviembre se venden las *fave dei morti* (habas de muertos), bolitas tricolores (rosa, marrón y beige) muy crujientes con sabor a almendras, que supuestamente recuerdan por su forma a la legumbre con el mismo nombre.

Unos días después, el 11 de noviembre, el día de la fiesta de San Martín, podemos encontrar los *San Martino*, unas galletas de mantequilla grandes con forma de san Martín a caballo (que le dio la mitad de su capa a un pobre), cubiertos de glaseado, bombones, chocolatinas y otros dulces. A los niños les vuelven locos y van a menudo a pedirlas a golpe de cacerola como otros lo hacen en Halloween.

📍 **ROSA SALVA**
CAMPO SANTI GIOVANNI E PAOLO, 6779
30122 VENEZIA

📍 **DAL NONO COLUSSI**
CALLE LUNGA DE SAN BARNABA, 2867/A
30123 VENEZIA

| TODOS LOS DÍAS: 08:00 – 20:00 | +39 041 522 7949 rosasalva.it | MIÉ – DOM: 09:00 – 13:00 / 15:30 – 17:00 LUN – MAR: cerrado | +39 041 523 1871 dalnonocolussi.com |

EL MEJOR SÁNDWICH
DE VENECIA

A primera vista, Ai Nomboli, un bar más o menos anónimo, con una terraza poco interesante, situado en una calle concurrida cerca del Campo San Polo, no despierta las ganas de detenerse a tomar algo. Y, sin embargo, los que tienen más prisa o los que están hartos de pagar una fortuna por un almuerzo soso se sorprenderán de encontrar los mejores sándwiches de la ciudad.

La selección y la calidad de los ingredientes son espectaculares e incluso algunos dicen que aquí han comido el mejor *panini* de su vida.

AI NOMBOLI
RIO TERÀ DEI NOMBOLI 2717/C
30125 VENEZIA

LUN – VIE: 07:00 – 21:00
SÁB: 07:00 – 15:00
DOM: cerrado

+39 041 523 0995

UNA *TRATTORIA*
PARA PERDERSE

Uno no pasa por casualidad delante de Antiche Carampane, una *trattoria* escondida en un laberinto de callejuelas del barrio de San Polo.

Vestigio de la época de la Serenísima en la que este era un barrio de prostitutas, el término *carampane* (viejas putas) alberga en realidad uno de los mejores restaurantes de Venecia.

En un ambiente familiar y agradable, la especialidad de la cocina, de calidad, son los pescados y los mariscos. No te pierdas en verano el *crudo di pesce*, un surtido de pescados crudos, o los espaguetis a la botarga.

ANTICHE CARAMPANE
RIO TERÀ DE LE CARAMPANE 1911
30125 VENEZIA

MAR – SÁB : almuerzo y cena   +39 041 524 0165   antichecarampane.com

- FRANCESCO AGOPYAN -
RESTAURANTE ANTICHE CARAMPANE

Francisco, ¿cuándo nació tu restaurante?

Antiche Carampane nació en 1983: los hermanos de mi madre (Nani y Guido) compraron esta antigua *trattoria* situada en un barrio de Venecia poco frecuentado y medio escondido en aquella época, y al que venían sobre todo estudiantes. Al principio solo abrían al mediodía para los obreros de la construcción que trabajaban en el barrio, y luego, poco a poco, empezaron a abrir por la noche para los venecianos. Desde el principio, mi tío Nani, experto conocedor de la cocina y de la historia de Venecia (era hijo de un vendedor de Rialto), ofreció una cocina más bien innovadora. Fue el primero en servir pescado crudo, almejas y pescados condimentados con parmesano y en actualizar recetas antiguas como los *spaghetti in cassopipa* (que siguen siendo todo un éxito

35 años después). En resumen, una cocina un poco fuera de su tiempo. Varios años después, mi madre se unió a mi tío, y después lo hice yo en 2004.

¿Dónde compras el pescado?
El restaurante siempre ha mantenido una relación muy estrecha con el mercado de Rialto, un poco debido a su proximidad y un poco porque mi abuelo tenía un puesto de pescado allí. Desde muy pequeño he escuchado hablar de pescados y del mercado como un lugar estratégico para la ciudad. Mi abuelo siempre decía: "Cuando el mercado de Rialto cierre, Venecia será una ciudad muerta".
Tengo por costumbre ir personalmente a comprar el pescado y la verdura en tres o cuatro puestos donde, con los años, ha nacido una relación de amistad y cariño con los vendedores del mercado. Nuestro restaurante cierra los domingos y los lunes, que es cuando el mercado también cierra porque los pescadores no salen a faenar esos días. En la actualidad, seguimos ofreciendo una cocina local en la que utilizamos productos de

temporada, tanto de la tierra como del mar, que la laguna nos da.

"Cuando el mercado de Rialto cierre, Venecia será una ciudad muerta"

¿Nos puedes explicar el origen armenio de tu apellido?
Nuestra familia (nuestro apellido es Agopyan) tiene orígenes armenios porque durante el genocidio en Turquía (1915) mi abuelo logró salir de Estambul vía Izmir y refugiarse en Venecia gracias a los padres mequitaristas. Entró en el colegio armenio Armeno Moorat-Raphael donde estudió antes de convertirse en empresario. Desde su fundación, Venecia ha tenido contactos con el pueblo armenio y la comunidad armenia ha crecido a lo largo de los siglos. En 1715, el padre Mequitar se instaló en la isla llamada "de los armenios". En cuanto a mí, he descubierto con los años que un fuerte vínculo me une al pueblo armenio y a la maravillosa tierra de Armenia, vínculo cuyo punto culminante fue un viaje que hice allí en abril de 2019.

EL ARTE DE LA
ZAPATILLA VENECIANA DE TERCIOPELO

Inventadas hacia 1800, las *friulane* son unas zapatillas confeccionadas con materiales reciclados: sus suelas están hechas con tejidos viejos y neumáticos de bicicleta. Los gondoleros empezaron a usarlas después de la Primera Guerra Mundial porque estas zapatillas, blandas y antideslizantes gracias a su suela de goma, no rallaban las góndolas.

La tienda Piedàterre en el Rialto ofrece una amplia y colorida gama que respeta la tradición del terciopelo y del lino.

Perfectas para casa o, por qué no, para pasear por la calle.

PIEDÀTERRE
RUGA DEGLI ORESI 60
30125 VENEZIA

TODOS LOS DÍAS: 10:00 – 19:00

piedaterre-venice.com

HACER LA COMPRA
EN EL MERCADO MÁS BONITO DEL MUNDO

Si eres veneciano, ya lo sabes. Pero si has alquilado un apartamento o un palacio por unos días, es indispensable, sí, *indispensable*, que vayas a hacer la compra al menos una vez al magnífico mercado de Rialto.

Primero, porque es, a todas luces, el mercado más bonito del mundo: comprarte tu pescado, tus frutas y tu verdura (todo de excelente calidad) a lo largo del canal, a dos pasos de Rialto, es un placer que pocas veces se da. Puedes terminar las compras tomando una copa de vino blanco o un *spritz* en los bares cercanos (por ejemplo, en el Naranzaria, un bar muy agradable).

Segundo, porque el mercado está amenazado por la presión inmobiliaria y turística. Y como decía el abuelo de Francesco Agopyan, del restaurante Antiche Carampane: "Cuando el mercado de Rialto cierre, Venecia será una ciudad muerta".

 CAMPIELLO DE LA PESCARIA
30122 VENEZIA

MAR – SÁB: 7:30 – 12:00
DOM y LUN: cerrado

EL GABINETE DE CURIOSIDADES DE LOS **GRANDES EXPLORADORES VENECIANOS**

Este extraordinario Museo de Historia Natural de Venecia alberga un magnífico gabinete de curiosidades que atesora una mezcla variada de objetos preciosos, insólitos, raros y hasta grotescos. Podrás ver un ciervo albino entre conchas y mariposas o un extraño animal de dos cabezas cerca de un gigantesco cangrejo.

En las salas contiguas, podrás admirar las extraordinarias colecciones de animales de tres exploradores venecianos: Giovanni Miani y Giuseppe De Reali y, más recientemente, Giancarlo Ligabue, que dio su nombre al museo.

A los niños les encanta.

MUSEO DI STORIA NATURALE DI VENEZIA
GIANCARLO LIGABUE
📍 **SALIZADA DEL FONTEGO DEI TURCHI 1730**
30135 VENEZIA

MAR – VIE: 09:00 – 17:00 SÁB – DOM: 10.30 – 17:00 LUN: cerrado	+39 041 270 0303	msn.visitmuve.it

EL BACALAO
COMO HERENCIA

Pietro Querini, gran navegante veneciano, naufragó en 1432 cerca de la isla de Sandoy en Noruega. Allí descubrió el bacalao seco y lo llevó de vuelta a Venecia donde lo convirtió en una especialidad. Hoy, seis siglos después, todos los restaurantes locales tienen su propia receta familiar y sus secretos de elaboración.

En la pequeña tienda *gourmet* del Baccalà Veneto (baccalá significa bacalao en veneciano), con una sola mesa y cuatro taburetes, la receta maestra del *baccalá* es la del *nonno* Ettore, el abuelo de los propietarios.

Aquí encontrarás más de 60 tipos de bacalao para llevar o para comer en el sitio: el *Mantecato*, l'*Umido*, alla *Vicentina*, sin ajo, sin gluten o sin lactosa.

Edoardo y Paolo también hacen *paninis* de bacalao al gusto, como el *baccalá al radicchio* de Trevise o con tomate, recomendados por Edoardo.

Un pequeño extra: venden unas bonitas latitas de bacalao que te puedes llevar a casa o regalar. Aguantan muy bien los viajes.

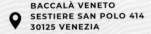

BACCALÀ VENETO
SESTIERE SAN POLO 414
30125 VENEZIA

| TODOS LOS DÍAS: 09:30 – 20:00 en verano | +39 041 476 3571 | baccalaveneto.com |
| 10:30 – 19:00 en invierno | | |

UNA LIBRERÍA
QUE SE LLENA DE AGUA

Propensa a inundarse con regularidad, la librería Acqua Alta, escondida detrás de San Marco, presenta sus obras en soportes cuando menos... Bañeras, canoas y hasta una góndola han sido transformadas en estanterías de libros antiguos y nuevos.

A pesar del aparente caos, Luigi Frizzo, el dueño, se sabe de memoria dónde está cada obra y te guiará con pasión por su laberinto en busca de algunos tesoros editoriales como *El Principito* traducido en dialecto veneciano.

Si te encantan las fotos panorámicas no dejes de subirte a la escalera de libros y disfrutar de unas preciosas vistas de la laguna de Venecia.

 LIBRERIA ACQUA ALTA
CALLE LUNGA SANTA MARIA FORMOSA 5176B
30122 VENEZIA

TODOS LOS DÍAS: 9:15 - 19:45   +39 041 296 0841   facebook.com/libreriaacquaalta

DONDE PASA
EL ÁNGEL

Dentro del magnífico Palazzo Grimani, cerca de Santa María Formosa, la excepcional sala de la Tribuna se diseñó para exponer la colección de esculturas grecorromanas de la familia Grimani. A la muerte del patriarca Giovanni Grimani en 1587, las obras de arte fueron donadas a la República de Venecia, esta las almacenó en un lugar seguro en la Biblioteca Marciana y luego en el Palacio Ducal. Las obras, deslocalizadas durante más de cuatro siglos, acaban de volver a su lugar de origen gracias a la fundación Venetian Heritage. El resultado es de una belleza apabullante.

PALAZZO GRIMANI
RUGA GIUFFA 4858
30122 VENEZIA

MIÉ – DOM: 10:00 – 19:00
LUN y MAR: cerrado

+39 041 241 1507

polomusealeveneto.beniculturali.it/musei/
museo-di-palazzo-grimani

CAMINAR
SOBRE EL AGUA

La parada de *vaporetto* Celestia, al norte de la ciudad, marca el inicio de uno de los paseos más originales y poéticos de Venecia. Caminando sobre una pasarela anclada a los muros exteriores del Arsenal, llegas en 5-10 minutos a la parada del *vaporetto* Bacini, que está como suspendida sobre el agua.

Desde aquí, lejos, muy lejos, caminos trillados y hordas de turistas, las vistas de la isla cementerio de San Michele y de Murano son magníficas.

Al final del paseo, tienes dos opciones: retomar la pasarela en sentido contrario o seguir el camino, esta vez tomando el *vaporetto* porque el final de la isla es una zona militar cuyo acceso está prohibido al público.

 PROMENADE SUSPENDUE SUR LES MURS NORD DE L'ARSENAL

Vaporettos Celestia et Bacini

DEJAR TUS ZAPATILLAS DE BALLET SOBRE
LA TUMBA DE DIÁGHILEV

La isla de San Michele, enfrente de las Fondamente Nove, alberga uno de los cementerios más bonitos del mundo, remanso de paz donde descansan Ígor Stravinsky, Emilio Vedova o Ezra Pound.

La parte ortodoxa del cementerio perpetúa una bonita tradición: en la tumba de Serge de Diághilev, director de la compañía *Ballets Rusos*, bailarines del mundo entero vienen cada año a rendirle homenaje depositando sobre su tumba sus zapatillas de ballet.

📍 **ISOLA DI SAN MICHELE**
30141 VENEZIA

TODOS LOS DÍAS: 07:30 – 16:00   +39 041 729 2841

UN APERITIVO
EN EL CAMPO

La isla de Sant'Erasmo tiene una tierra muy rica y siempre provee a Venecia de todo tipo de verdura, como las famosas alcachofas violetas.

Es ahí, al borde del canal, con unas magníficas vistas de toda la laguna norte, donde Michel Thoulouze creó un viñedo en los años 2000. Elabora vino blanco de calidad, el Orto, el único vino que se produce en el territorio de la ciudad de Venecia.

Este maravilloso lugar acoge, previa reserva, grupos pequeños a los que ofrece catas. Un momento privilegiado.

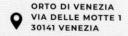 **ORTO DI VENEZIA**
VIA DELLE MOTTE 1
30141 VENEZIA

Visitas y catas(reservas en el viñedo):
JUE – MAR: 10:00 – 12:30 h
               14:30 – 18:00
MIÉ: cerrado

ortodivenezia.com

20 €/persona (más de 3 personas: 15 €/persona)
Cómo llegar:
vaporetto Capannone

UN RETIRO ESPIRITUAL
EN LA LAGUNA

La isla de San Francesco del Deserto es un lugar excepcional, probablemente uno de los más bonitos de toda la laguna de Venecia. Para hacerte una idea más exacta de la isla y de la vida de los monjes, se recomienda hacer un retiro de varios días.

Tras reservar por teléfono, un monje irá a buscarte a Burano en barco: ningún transporte público llega a la isla.

El retiro, cuyo ritmo está marcado por siete oficios diarios, es una auténtica inmersión en la vida monástica. Entre oficio y oficio, tendrás toda la libertad de ocupar tu tiempo en lo que te apetezca. La isla es de gran belleza y la mayoría de los participantes a los retiros pasean y meditan en el hermoso jardín que cuenta con centenares de cipreses en línea que forman senderos sombreados de enorme encanto.

San Francisco de Asís se habría alojado en la isla en 1220 o 1224.

 ÎLE DE SAN FRANCESCO DEL DESERTO
30142 BURANO
VENEZIA

Estancias de viernes a domingo o de martes a jueves

Reservas para los retiros espirituales (en italiano):
+39 041 528 6863
sfdeserto@libero.it

sanfrancescodeldeserto.it

ALGUNOS CONSEJOS PRÁCTICOS IMPORTANTES

Evita la temporada de junio a septiembre, además del calor, la cantidad de mosquitos roza lo insoportable.

La norma franciscana, a diferencia de la que rige en otros monasterios benedictinos, no impone, por ejemplo, el silencio. Se puede hablar con los monjes en la mesa, en los jardines, etc.

Si lo que buscas es el silencio te recomendamos que vengas en invierno (la niebla sobre la laguna impregna el lugar de una atmósfera misteriosa y mágica) o entre semana. Se aceptan mujeres y puedes venir con tu pareja, pero os alojaréis en habitaciones separadas.

Cada día durante el retiro se comenta en italiano un pasaje de la biblia (o se organiza un encuentro personal con un monje, según la cantidad de participantes).

- JANE DA MOSTO -

PRESIDENTA Y COFUNDADORA DE WE ARE HERE VENICE

ASOCIACIÓN SIN ÁNIMO DE LUCRO DEDICADA A LA CONSERVACIÓN DE VENECIA Y DE SU LAGUNA

Jane, ¿vives en Venecia desde hace más de 20 años?

Sí. La laguna es muy frágil. Ya era frágil hace 20 años y lo sigue siendo en la actualidad, tras 20 años de ausencia de políticas para la conservación y la no aplicación de la primera ley especial de 1973 (creada después de la enorme *acqua alta* de 1966) en la que se recomienda hacer todo lo posible para poner fin a la erosión de la laguna a causa del tránsito de cruceros y a la excavación de grandes canales de navegación para que puedan pasar. Estos barcos son el verdadero problema. Y las *barene** no bastan para mantener en el fondo los sedimentos que los barcos y el viento remueven y llevan a la superficie. Los efectos que provoca el paso de los barcos pequeños se contrarrestan con los procesos naturales de la *barena*, pero no es el caso de los grandes cruceros que desplazan grandes volúmenes de agua cada vez que pasan, debilitando así los cimientos de la ciudad. Finalmente, estos cruceros contaminan mucho el aire ambiente y el riesgo de un accidente es real: en 2019, varios barcos estuvieron a punto muchas veces de chocar con los muelles y de provocar un accidente.

¿La laguna de Venecia es tan única?

El hombre lleva viviendo en la laguna de Venecia desde hace más de 1000 años y por lo tanto la ha moldeado progresivamente según sus necesidades. Hace unos 500 años aproximadamente la laguna estaba desapareciendo a causa de los sedimentos de los ríos que se acumulaban. Fue Cristoforo Sabbadino quien, al desviar el curso de los ríos hacia el norte y el sur, salvó la laguna.

¿Qué problema hay con el *acqua alta*?

El *acqua alta* siempre ha existido: se crea por la acción combinada de la marea y del viento. No obstante, sus efectos han aumentado a causa del calentamiento global y de la subida del nivel del mar.

¿Qué pueden hacer los turistas de manera individual para ayudar a Venecia?

Quedarse más de una noche y no alojarse en los Airbnb que funcionan prácticamente sin ningún contacto humano. Además, esto reduce la cantidad de apartamentos disponibles para los habitantes y provoca un aumento de los precios del sector inmobiliario que espanta a los habitantes.

¿Tu lugar favorito en Venecia?

Hay muchos, pero hay un paseo que me encanta, al norte de Venecia, que empieza en la pasarela de Celestia y va hasta los Bacini. Bordea los muros del Arsenal lado norte y, desde ahí, se ve toda la laguna, con San Michele y Murano a la izquierda. Al final de la pasarela hay un pequeño jardín donde puedes hacer un descanso. Otro de los paseos: la isla del Lazzaretto Nuovo (antigua isla de la cuarentena) y Sant'Erasmo donde admirar la puesta de sol rodeado de plantaciones de alcachofas.

¿Tu restaurante preferido?

Yo aconsejo ir de compras al mercado de Rialto y tomarse el tiempo de hablar con los horticultores. Tiene una historia para cada fruta y cada verdura que venden. Sin mencionar la variedad de extraordinarios pescados en la lonja de pescadores.

¿Un recuerdo para llevarse a casa?

Un cojín llamado "Laguna" que ha diseñado mi amiga Stella Cattana en su tienda de San Samuele (Salizada San Samuele). El cojín está inspirado en los días que pasamos en la laguna y una parte de lo que se gana por su venta va a nuestra asociación.

¿Cómo sobrevives a la invasión de turistas?

A bordo de un barco, de camino a las islas como Mazzorbo y Pellestrina a donde no van los turistas.

* Terreno pantanoso que se inunda periódicamente con las mareas que favorecen los intercambios entre mar, río y laguna, y moderan la acción del movimiento de las olas que causan los barcos. La asociación We Are here Venice ha creado un mapa de las *barene* para ubicar dónde verlas.

ALQUILAR
UNA ISLA PRIVADA
EN LA LAGUNA NORTE

Los que prefieren visitar Venecia y su laguna lejos de las multitudes pueden alquilar varios días la fabulosa y lujosa isla privada de Santa Cristina, a media hora en barco del centro de Venecia, cerca de Burano y de Torcello.

Entre sus huertas orgánicas, sus viñedos, su piscifactoría ecológica y su familia de pavos reales que pasean despreocupadamente por los jardines, todo invita a la paz y al sosiego.

La preciosa villa cuenta con nueve habitaciones y puede albergar hasta 16 personas.

También se pueden organizar cursos de yoga o alquilar un barco y salir a navegar en él.

📍 **ISOLA PRIVATA SANTA CRISTINA**

+43 664 822 5080
info@veniceprivateisland.

veniceprivateisland.com

#29

ALMORZAR EN
EL JARDÍN DEL PARAÍSO

Es en el encantador hotel Locanda Cipriani donde Ernest Hemingway vivió varios meses y escribió su novela *Al otro lado del río y entre los árboles*. Se duerme de maravilla en sus habitaciones sencillas y con un encanto de antaño intacto.

Su magnífico y bucólico jardín con su cenador a la sombra es también un lugar precioso para almorzar con aires de domingo en el campo. Podrás prolongar el placer con *grappa*, *limoncello* y café antes de visitar, justo al lado, la extraordinaria catedral de Santa Maria Assunta, construida en el año 639.

LOCANDA CIPRIANI
PIAZZA SANTA FOSCA 29
30142 TORCELLO

MIÉ – LUN: 12:00 – 15:00 / 19:00 – 21:00
MAR: cerrado
Cerrado en enero

+39 041 730 150

locandacipriani.com

DESCUBRIR
EL CANGREJO... BLANDO

La *moeca* es una de las grandes especialidades gastronómicas de Venecia. Dos veces al año (entre finales de enero y mayo, y entre finales de septiembre y finales de noviembre), los pescadores de la laguna de Venecia (Burano y Chioggia) salen a pescar el cangrejo en un momento muy específico de su existencia: en la última etapa antes de empezar su muda. Es, efectivamente, en ese momento cuando su concha está más tierna.

El cangrejo, una vez pescado y antes de que lo frían, pasa toda una noche en un preparado de huevos batidos. Este pequeño cangrejo se come entero, de un bocado, con concha (blanda) incluida. No te lo puedes perder.

La concha del cangrejo empieza a formarse de nuevo en torno al cuarto día después de la muda. Para comerlo fresco (y no congelado...), es necesario consumirlo en los tres días siguientes de haber perdido su antigua concha, de ahí que sea importante que te sientas en confianza en el lugar donde lo vayas a comer, como en Da Romano (Burano), en Da Lele (Murano – solo para almorzar) y en Venecia, en la Trattoria alla Madonna, cerca del mercado de Rialto.

📍 TRATTORIA DA ROMANO VIA SAN MARTINO DX 221 30012 BURANO	TRATTORIA BUSA ALLA TORRE "DA LELE" CAMPO SANTO STEFANO 3 30141 MURANO	TRATTORIA ALLA MADONNA CALLE DELLA MADONNA 569 30125 VENEZIA
LUN: 12:00 – 15:00 / 18:30 – 20:30 MIÉ – SÁB: 12:00 – 15:00 / 18:30 – 20:30 DOM: 12:00 – 15:00 MAR: cerrado +39 041 730 030 / daromano.it	TODOS LOS DÍAS: 11:30 – 15:30 +39 041 739 662	JUE – MAR: 12:00 – 15:00 18:4 – 22:15 MIÉ: cerrado +39 041 522 3824 ristoranteallamadonna.com

En la colección "Soul of",
el 31º lugar no te será revelado nunca porque
es demasiado confidencial, te toca a ti dar con él.

UNA GALERÍA
PARA PERDERSE

Caminar sobre la arena, en pleno Venecia, bajo los vestigios del antiguo teatro de Sant'Apollinare.

Ningún letrero, ningún cartel indica la ubicación de esta preciosa galería de arte cuya puerta de inundación da a un encantador canal.

Sin embargo, es aquí donde Beatrice Burati, historiadora de arte, expone la flor y nata de los artistas que tienen un vínculo artístico con Venecia, como Tristano di Robilant o Andrew Huston.

Una pista para descubrir este pequeño secreto: muy cerca de la entrada de un lujosísimo hotel que abrió hace unos años en uno de los palacios privados más bonitos de Venecia, cerca del Campo San Polo, verás una puerta veneciana que da a un patio arbolado...

UN ENORME AGRADECIMIENTO A

GIOVANNI GIOL, mi marido, la primera persona que me enseñó la Venecia de los venecianos hace más de 20 años.

AMBRA, LEONARDO, AMERIGO y GREGORIO, mis hijos, por catar y aprobar todos los *cicchetti* y *tramezzini* de la guía.

FRANCESCA LANARO, GABI WAGNER y ALESSANDRO BELJOIOSO por sus magníficas fotos sin las que este libro no podría existir.

CATHERINE BUYSE DIAN, JANE DA MOSTO, GIBERTO ARRIVABENE y PAOLO LORENZONI, mis amigos, por su tiempo y por haberme dado cada uno su punto de vista sobre la ciudad.

ARRIGO CIPRIANI, FRANCESCO AGOPYAN y LELE por participar en la conservación de las tradiciones culinarias venecianas.

GIORDANA NACCARI, ALESSANDRA y ALESSANDRO ZOPPI por descubrirme el arte del vidrio a través de los siglos.

KAROLE VAIL, ANDREW HUSTON y BEATRICE ANDERSON por hacer que el corazón artístico de Venecia siga latiendo.

FANY PÉCHIODAT por sus ideas, su buen ojo y su entusiasmo.

Y bravo sobre todo a todos los venecianos que luchan sin cesar y con valentía contra el *acqua alta* y la afluencia de turistas, y que permiten que Venecia siga siendo tan bella.

Y, ¡gracias, Venecia!

Esta guía ha visto la luz gracias a:

Servane Giol, coautora

Thomas Jonglez, coautor

Francesca Lanaro, fotografías

Clara Mari, ilustraciones

Emmanuelle Willard Toulemonde, maquetación

Patricia Peyrelongue, traducción

Anahí Fernández Lencina, corrección de estilo

Clémence Mathé, edición

Escríbenos a contact@soul-of-cities.com
Síguenos en Instagram: @soul_of_guides

GRACIAS

Conforme a la ley vigente (Toulouse 14-01-1887), el editor no será respon-
sable de los errores u omisiones involuntarios que puedan aparecer en
esta guía, a pesar de nuestra diligencia y las verificaciones por parte del
equipo de redacción.
Se prohíbe la reproducción total o parcial de este libro sin la autorización
previa del editor.

© JONGLEZ 2021
Depósito legal: marzo 2021 – Edición: 01
ISBN: 978-2-36195-333-1
Impreso en Eslovaquia por Polygraf